Manfred Klein

Zu: Arthur Schopenhauer: Von den Stationen der Anti–Religiosität zum Dialog „Über Religion"

GRIN Verlag

Bibliografische Information der Deutschen Nationalbibliothek:

Die Deutsche Bibliothek verzeichnet diese Publikation in der Deutschen National-
bibliografie; detaillierte bibliografische Daten sind im Internet über http://dnb.d-
nb.de/ abrufbar.

Impressum:

Copyright © 1999 GRIN Verlag GmbH
Druck und Bindung: Books on Demand GmbH, Norderstedt Germany
ISBN: 978-3-640-12618-7

Dieses Buch bei GRIN:

http://www.grin.com/de/e-book/111392/zu-arthur-schopenhauer-von-den-stationen-
der-anti-religiositaet-zum-dialog

GRIN - Your knowledge has value

Der GRIN Verlag publiziert seit 1998 wissenschaftliche Arbeiten von Studenten, Hochschullehrern und anderen Akademikern als eBook und gedrucktes Buch. Die Verlagswebsite www.grin.com ist die ideale Plattform zur Veröffentlichung von Hausarbeiten, Abschlussarbeiten, wissenschaftlichen Aufsätzen, Dissertationen und Fachbüchern.

Besuchen Sie uns im Internet:

http://www.grin.com/

http://www.facebook.com/grincom

http://www.twitter.com/grin_com

Justus-Liebig-Universität, Gießen

Referat

Manfred Klein

Arthur Schopenhauer:
Von den Stationen der Anti – Religiosität zum
Dialog
„Über Religion"

Inhaltsverzeichnis

I.   Einleitung

Das vorliegende Referat hat den Dialog „Über Religion" von Arthur SCHOPENHAUER zum Thema. Der Text stammt aus den „Parerga und Paralipomena (Nebenarbeiten und Nachgebliebenes § 174)", die 1851 erstmals publiziert wurden. Die zahlreichen Zitate in diesem Referat wurden bewusst angeführt, da man SCHOPENHAUER mit seiner unverwechselbaren Art selbst zu Wort kommen lassen muss. Zitiert wurde nach dem Band V der Werkausgabe des Haffmans – Verlages, Zürich 1988. In diesem Dialog unterhalten sich Demopheles[1] und Philalethes[2] über das Pro und Kontra der Religion.[3] Die Argumente des Demopheles werden nur angeführt, wenn sie zu weitergehenden Reflexionen führen können. Bei der Stellungnahme des Philalethes handelt es sich wohl um die Meinung SCHOPENHAUERS. Trotzdem bemüht sich Demopheles, die Religion zu verteidigen. Da SCHOPENHAUER Atheist war ist klar, dass die Religion hier schonungslos entlarvt wird, im gewissen Sinne als Betrug am Volk. Für SCHOPENHAUER kann es keinen Gott geben, denn wenn es einen geben würde, dann hätte er nicht so viel Schlechtes in der Welt zugelassen. SCHOPENHAUER lässt sich nicht vom Theodizee - Gedanken leiten. „Wenn ein Gott diese Welt gemacht hat, so möchte ich nicht der Gott sein: ihr Jammer würde mir das Herz zerreißen." Diese Stellungnahme findet sich im Handschriftlichen Nachlass, Bd. III.[4] Somit ist Religion für ihn ein absolutes Trugbild. SCHOPENHAUER hält einen guten Schöpfergott für nicht möglich, weil das Elend dieser Welt nicht von einem Gott zugelassen werden dürfte.

---

[1] Demopheles spricht für das Volk
[2] Philalethes vertritt die Wahrheit
[3] An diesem Dialog ist nicht nur von Interesse, dass die Religion besonders hart abgeurteilt wird, sondern auch wie hoch der Anspruch der Philosophie im 19.Jh. war.
[4] Breidert, Wolfgang: Schopenhauer. In Klassiker der Philosophie II.

II.　SCHOPENHAUERS Lebensweg: Stationen der Anti - Religiosität

Um das Verständnis des Textes zu erleichtern, folgen nun einige Stationen aus dem Leben SCHOPENHAUERS, die das Entstehen dieser Schrift und auch seine religiöse Einstellung erklären könnten: SCHOPENHAUER wächst in einer Familie, in der unglückliche Ehe-verhältnisse herrschen heran. Nach dem frühen Tod des Vaters (wahrscheinlich Selbstmord), distanziert er sich von seiner Mutter. SCHOPENHAUER ist in seinem Leben viel gereist. Er soll in einem Café in Rom gesagt haben:„ Die deutsche Nation ist von allen die Dümmste und das Beste an den Deutschen ist, dass sie überhaupt keine Religion mehr haben."[5] Bei einer Reise durch Frankreich beeindruckt ihn besonders der Anblick von leidenden Galeerenskla-ven in Toulon. 1833 lässt er sich endgültig in Frankfurt nieder und lebt dort bis zu seinem Lebensende als freier Schriftsteller. Er lebt sehr einsam und zurückgezogen. Als er auf dem Sterbebett liegt, sagt er:

> Es freue ihn, daß seine scheinbar irreligiösen Lehren als Religion anschlagen und den leer gewordenen Platz des verlorenen Glaubens ausfüllend, zur Quelle innerster Be-ruhigung und Befriedigung werden.[6]

---

[5] Zitiert in: Spierling, Wolfgang: Arthur Schopenhauer. S. 25
[6] Abendroth, Walter: Schopenhauer.

3

III. Der Dialog „Über Religion"

Dieser Text bilanziert die positiven und negativen Einflüsse des Christentums und legt außerdem eindrucksvoll Zeugnis darüber ab, dass SCHOPENHAUER „überzeugter" Atheist war. Er bezeichnet die Religion bereits zu Beginn der Diskussion als Lug und Trug und einer solchen Achtung zu zollen, zieht SCHOPENHAUER überhaupt nicht in Betracht. Unter Metaphysik versteht SCHOPENHAUER die Erkenntnis über die Möglichkeit der Erfahrung, die über die gegebene Erscheinung der Dinge hinausgeht, das was sich hinter der Natur verbirgt und sie möglich macht.[7] Besonders die Inquisition und die Religionskriege erwähnt SCHOPENHAUER, aber auch den Giftbecher Sokrates´ und Brunos Feuertod. Außerdem blockiert dogmatische Religiosität das selbständige Denken und Urteilen. KANT forderte ja die Herausführung des Menschen aus seiner selbstverschuldeten Unmündigkeit und leitete zum Selbstdenken an. Die Indoktrination der Religion im Kindesalter bereitet den Weg zur Glaubenslehre, Zweifel an der Existenz und die Beschäftigung mit anderen Lehren und Richtungen wird so vollständig unterbunden. Religiöse Dogmen werden dem Menschen, falls nötig mit Gewalt nähergebracht. Dies ist nach SCHOPENHAUER das Werk der „pädagogischen Geistlichkeit, die sich den jungen Menschen annimmt. Angeprangert wird danach auch das Wirken der Missionare. Er bezeichnet es als Zudringlichkeit, Impertinenz und Arroganz. SCHOPENHAUER setzt die missionierten Völker der menschlichen Kindheit gleich. Er berichtet weiter, dass in Indien die Missionare gescheitert sind. Ein Wechsel der Religion im fortgeschrittenen Alter wird verachtet, allerdings nur weil diese im frühen Alter eingeprägte Überzeugung nicht reflektiert, widerstandslos und unkritisch übernommen wurde. Die Geistlichen wechseln die Religion nur sehr, sehr selten, sie haben die Dogmen und Vorschriften erlernt und haben somit die Konfession des Vaterlandes inne. Besonders die vorgeschriebene Wahrheit, bzw. Wahrheiten der Kirchen stören SCHOPENHAUER. Die konfessionellen Wahrheiten sind blind übernommen. Ferner meint SCHOPENHAUER zu lokalen Religionsunterschieden:

...dem süddeutschen Geistlichen nämlich leuchtet die Wahrheit des katholischen Dogma´s vollkommen ein, dem norddeutschen aber die des protestantischen. Wenn nun also dergleichen Überzeugungen auf objektiven Gründen beruhen; so müssen diese Gründe klimatisch sein und, wie die Pflanzen, die einen nur hier, die anderen nur dort gedeihen. Das Volk nun aber nimmt überall auf Treu und Glauben die Überzeugung dieser Lokal – Ueberzeugten an. (S 292)

---

[7] Vgl. Schopenhauer, Artur : Die Welt als Wille und Vorstellung. Kap. 17.

Es ist zu bemängeln, dass gleichgültig wo man geboren ist, von Kindesbeinen an, bestimmte Behauptungen aufgedrängt bekommt. Zweifel an diesen Behauptungen dürfen bei den Mitgliedern einer Konfession nicht aufkommen, weil sie sonst Gefahr laufen, ihr erstrebtes ewiges Heil nicht zu erlangen. Des Weiteren bilden die Behauptungen die Grundlage für diese Erkenntnisse. Sind jedoch die Behauptungen nicht fehlerfrei, werden auch die nächsten Schritte in die falsche Richtung führen, weil sie die Basis für die weitere Erkenntnis darstellen: das Wissen der Menschheit wird dann ebenfalls fehlerhaft. Die Literatur des 16. und 17. Jahrhunderts ist ein Beweis dafür:

> Sehn wir doch, in allen Zeiten, selbst die Geister ersten Ranges wie gelähmt durch solche Grundvorstellungen, besonders aber alle Einsicht in das wahre Weses und Wirken der Natur ihnen wie mit einem Brette vernagelt.
> (S. 293)

Des Weiteren ist der Theismus ein Bremsklotz für die Philosophie. Die These, dass der Staat die Religion braucht, bzw. dass diese Form der Glaubenslehre den Staat, das Recht und die Gesetze unterstützen hilft, lehnt SCHOPENHAUER kategorisch ab. SCHOPENHAUER gibt als Beispiel die griechische Kultur an, die eine ganz andere Form von Religion hatte. Sie sind nicht behindert durch Dogmen und Glaubenslehren. Auch ist die Indoktrination einer Religionsform den Griechen fremd. Moralität bzw. Morallehren predigten die geistigen Führer nicht. Sie beschränkten sich auf Tempelzeremonien mit allem was damit zusammenhängt und nicht um die Taten der Menschen. Bei diesen Akten brauchte, so SCHOPENAHUER, niemand zugegen zu sein, oder dieses zu glauben. In der ganzen Antike gibt es keine Anzeichen dafür, dass an irgendwelche Dogmen geglaubt werden müsste. Lediglich die Existenz der Götter und deren Tempel waren zu respektieren. Dieses nicht zu achten hieß, gegen den Staat zu wirken. Es blieb jedem freigestellt, für die Götter zu opfern, zu beten, oder dies nicht zu tun. Über eine mögliche Unsterblichkeit der Seele gab es noch keine allgemeine Vorstellung. Die Abwesenheit der Religion in der Antike hat ansonsten nicht zur Gesetzlosigkeit und Anarchie geführt. Ganz im Gegenteil, Gesetze von heute basieren ja teilweise noch auf denen des römischen Reiches. Hier wird von Demopheles eingewendet, dass die Religion ja die Wahrheit lehre und zwar auf einem Weg, der für das „normale Volk" verständlich ist, d.h., Sinn und Ziele können dem Volk nur symbolisch erschlossen werden. Philalethes lehnt dies jedoch ab und bezeichnet es als Wahrheit im Gewand der Lüge. Als verstrickte Lügen, die großen Schaden anrichten können, denn Allegorien können nicht die Wahrheit verkörpern. Die Religion kommt immer mit dem Streben nach Wahrheit in Konflikt. An dieser Stelle soll eine Meinung des Demopheles folgen:

Wirklich hingegen ist Mythos und Allegorie das eigentliche Element der Religion: aber unter dieser, wegen der geistigen Beschränktheit des großen Haufens, unumgänglichen Bedingung, leistet sie dem so unvertilgbaren, metaphysischen Bedürfniß des Menschen sehr wohl Genüge und vertritt die Stelle der, unendlich schwer und vielleicht nie zu erreichenden, reinen philosophischen Wahrheit.(Zitat S 298)

Diesen Einwand lässt Philalethes aber nicht gelten, denn die danach von ihm angeführte Metapher mit dem Holzbein besagt, dass die Religion nicht mehr als eine notdürftige Hilfe ist.

Das natürliche Bein war früher da, also die Philosophie. Möglich wäre, dass die Religion dem Menschen neben der Erfüllung des metaphysischen Bedürfnisses auch Trost bietet und die Überwindung von mancherlei Leiden und Nöten fördert. Da die Religion Betrug ist, werden die Priester für uns zu einer Mischung aus Betrügern und Sittenlehrern. Die richtige Wahrheit dürften sie nicht lehren, selbst wenn sie sie kennen würden. Es kann nur eine wahre Philosophie geben, aber keine wahre Religion. Die Welt besteht aus einem völligen Durcheinander von Wohl und Übel, Redlichkeit und Falschheit, Güte und Bosheit, Edelmut und Niedertracht. In dieser Gestalt zeigt sie sich dem Menschen, deshalb kann die heilige Wahrheit nur mit Lüge vermischt vorkommen. Diese Lüge wirkt stark auf die Menschen, sie wirkt als Offenbarung. Sind die Menschen auf einem höheren Reife- und Bildungsgrad angelangt, um die wahre Philosophie zu entwickeln und in sich aufzunehmen, dann wird das Wirken dieser Philosophie die Religion stürzen.

Dann nämlich wird die Religion ihren Beruf erfüllt und ihre Bahn durchlaufen haben: sie kann dann das bis zur Mündigkeit geleitete Geschlecht entlassen, selbst aber in Frieden dahinscheiden. Dies wird die Euthanasie der Religion seyn. (S 300)

So lange die Religion jedoch besteht, hat sie zwei Seiten: Wahrheit und Falschheit. Je nach Betrachtung einer Seite liebt man sie oder haßt sie.

Daher muß man sie als ein nothwendiges Uebel betrachten, dessen Nothwendigkeit auf der Erbärmlichen Geistesschwäche der großen Mehrzahl der Menschen beruht, welche die Wahrheit zu fassen unfähig ist und daher in einem dringenden Fall, eines Surrogats derselben bedarf. (S 301)

Hier schlägt der Optimismus des Aufklärungsgedankens durch.[8] Es drängt sich an dieser Stelle der Verdacht auf, dass die Philosophie die Wahrheiten fertig vorliegen hätte, aber wenn sie sie nicht hat, so liegt dies an der Unterdrückung der Philosophie zu allen Zeiten und in sämtli-

---

[8] Die Aufklärung kann man heute jedoch als gescheitert ansehen, denn nach wie vor hat die Menschheit das „metaphysische Bedürfnis", das SCHOPENHAUER hier beschreibt. Die Neigung des Menschen zum Irrationalen ist bis heute noch nicht überwunden.

chen Ländern. Die frühe Erziehung durch Geistliche hat das selbständige Denken blockiert. Die Philosophie könnte allerdings zu kompliziert für die Allgemeinheit sein, die damit beschäftigt ist, ihren Lebensunterhalt zur verdienen und keine Zeit für Weiterbildung jeglicher Art hat. Durch das Bedürfnis nach Metaphysik kann es notwendig werden eine Instanz zu etablieren, die verständlich ist, aber trotzdem eine gewisse Undurchsichtigkeit an den wichtigen Punkten hat. Sie muss Dogmen und Moral verbinden und Trost im Leiden und Tod bieten. Ferner kann sie ja an verschiedene soziale und intellektuelle Gesellschaftsschichten angepasst werden. Es entstünden im folgenden eben Zwischenstufen in der Metaphysik. SCHOPENHAUER meint dazu, es würden dann in jeder Zwischenstufe jeweils wenige Eliten in die Wahrheit eingeweiht usw. in jeder Stufe. Jede ausgewählte Elite bekommt etwas mehr Einblicke bis zu den Allerhöchsten. Es gibt dann kleine, größere und größte Mysterien. Basis ist die Kenntnis der Ungleichheit des menschlichen Intellekts. Man sollte sich vielleicht mit der Moral anfreunden, die die Religion bietet, denn sie gilt in allen Religionen als Wahrheit. Darin gleichen sich alle die Religionen. SCHOPENHAUER bemerkt auch hierzu, die Religion sei ein Abrichtungs- und Zähmungsmittel der Menschen und sie bleibt für den Wahrheitssuchenden und Wahrheitsfreund ein Betrug, wenn auch ein frommer. Lüge und Betrug sind ein seltsamer Gegenstand der Tugendlehre. Ein Philosoph muss ihr zwangsläufig feindlich gegenüberstehen. Es kann keine allegorische Wahrheit geben. Allerdings sollte nicht übersehen werden, der praktische Wert der Religion im Moralischen, als Anleitung zum richtigen Handeln, als Trostspender, Geborgenheit bietend usw. Was nutzt jedoch Trost und Beruhigung, wenn die Enttäuschung schon auf der Lauer liegt! Die Wahrheit ist jedoch starr und ehrlich und bietet ebenfalls Trost. Demopheles fragt, ob die Philosophen wirklich die Wahrheit in der Hand haben. Nimmt man den Menschen die Religion, muss man ihnen etwas besseres bieten. SCHOPENHAUER hält dagegen: Von einem Irrtum befreien, ist nichts genommen, sondern man gibt die Erkenntnis, dass ein Fehler vorliegt, der im weiteren Leben großes Unglück bringen kann und somit gibt man die Wahrheit. Hier tritt wieder der Aufklärungsgedanke hervor. Jede einzelne Person sollte sich selbst und für sich selbst Maximen begründen und auch befolgen, ohne Einwirkungen von außen. Der Mensch soll sich also den Lebenssinn selbst geben. Jeder wäre somit sein eigener „Religionsstifter". Für die besser Gebildeten bietet sich ein Studium der Philosophie an. An dieser Stelle wendet Demopheles ein, dass dies die Grundfesten der Gemeinschaft, wie den Staat ins wanken bringen könnten, denn die staatlichen Gebilde basieren von Anfang an auf der Ordnung der Religion, d. h. schon seit den alten Ägyptern, oder noch früheren Volksgemeinschaften. In Europa bildet das Christentum die Basis. Die Regierenden Europas sind Herrscher von „Gottes Gnaden". Der Mensch bedarf der Gemeinschaft, das metaphysische Bedürfnis wird in der Gemeinschaft befriedigt.

Die Völker scheiden sich stärker nach Religionsgemeinschaften, als nach einzelnen Staaten. Die Religion ist jedoch die Stütze im Staat. Sie unterstützt die Gesetzgebung und die Durchführung der Gesetze. Sie untermauert ferner den Herrschaftsanspruch der Regierung.

O ja, den Fürsten ist der Herrgott der Knecht Ruprecht, mit dem sie die großen Kinder zu Bette jagen, wenn nichts Anderes mehr helfen will; daher sie auch viel auf ihn halten. (S. 308)

SCHOPENHAUER geht jetzt auf die Naturwissenschaften ein, die ja einen großen Einschnitt in die Religion darstellten. Auch war es die Aufklärung, die dazu beigetragen hat, dass die Religion mit ihrem hohen Anspruch der Moral, des Wahrheitsanspruches und des Dogmatismus in die Schranken gewiesen worden ist. Bei dieser Gelegenheit verweist SCHOPENHAUER auf englische und französische Philosophen der Aufklärung, die sich gegen die Kirche und den Glauben zur Wehr setzten. Er erwähnt des Weiteren KANT, der mit „deutscher Gründlichkeit" die Philosophie und die Religion getrennt hat. Im 19. Jh. schließlich liegt das Christentum am Boden und der ernste Glaube ist verloren. Die Religion sieht sich in ihrer Existenz bedroht. SCHOPENHAUER erwähnt die starken Aufstrebungsversuche der Kirche nach der Niederwerfung Napoleon's I. Die Wissenschaften ruhten und die Religion ergriff die Gelegenheit, den Glauben neu zu beleben. Allerdings sieht SCHOPENHAUER darin nur der Epoche gemäß eine „poetische Natur". Nach dreißig Jahren hat sich jedoch die Wissenschaft gefestigt, so dass die Religion wieder auf dem Rückzug ist. Die Wunder-, Offenbarungs- und Glaubenslehre taugt bestenfalls für das Kindheitsalter der Menschheit. Nach rund sechstausend Jahren - das wird ein jeder zugeben - taugt also die Religion jetzt nichts mehr. Die Griechen und Römer könnte man als Heiden bezeichnen, denn sie setzen den Selbstzweck in das Leben. Deren Lehren münden in ein glückliches Leben. Das Christentum befreite davon und förderte Menschenliebe, Mitleid, Wohltätigkeit, Versöhnlichkeit usw. Die Welt ist voll von Übel und wir brauchen die Erlösung und die christliche Lehre hielt dazu an, die heilige Kraft des Leidens zu erkennen. Die Marter sind das Symbol des Christentums. Das Christentum holte die Griechen und Römer wieder zurück in ein religiöses geordnetes Leben. SCHOPENHAUER stellt paradigmatisch einen Vergleich[9] auf: Die des Zeit PERIKLES und das 13. Jahrhundert. Im ersteren herrschte freie Entfaltung der Individuen, geordnete Staatsregierungen, geregelte Gesetzlichkeiten, Freiheit, Kunst, Dichtkunst und Philosophie. Im 13. Jahrhundert dagegen herrschte die Gewalt der Kirche und der dritte Stand wurde besonders belastet durch Faustrecht, Feudalismus und Fanatismus. Es tobten Religionskriege, Kreuzzüge, Inquisition und Intoleranz. Dem entgegen halten könnte man, dass das Christentum gerade die rohen, wilden Gruppen gebrochen hat. Diese zum Verbeugen vor Gott gezwungen, Verehrung für Gott zu empfinden und somit zur Zivilisation dieser Menschen beizutragen. Die Kirche des Mittelaltes sorgte also für Ordnung. Im Ausrotten der amerikanischen Urbevölkerung und dem Entführen der Eingeborenen und deren anschließende Versklavung sieht SCHOPEN-HAUER wiederum als ein Werk des Christentums. Die Sklaven der Antike waren jedoch eine andere Sache, denn sie waren treu ihrem Herrn ergeben und in die Hausgemeinschaft integriert. Vorzuhalten ist der antiken Gesellschaft lediglich die sexuelle Liebe von Männern zu Jungen. Diese Form von Homosexualität der Antike ist allerdings nicht mit der späten Versklavung zu vergleichen, auch sind die Greuel der Kirche um ein Vielfaches grausamer. Demopheles antwortet dazu, das nach dem Ausklang der Antike das Chaos geherrscht hat und auch durchaus die „Ritter und Pfaffen (abwertend für Geistliche)" auf der Menschheit lasteten. Die Lehre des ewigen Heils, das zu suchen ist, die Einstellung des Herzens, die vor dem möglichen Wissen steht, brauchte die Wissenschaft und die Kunst nicht. Wo die Wissenschaft die Religion unterstützte, da förderte die Religion wiederum diese. Die Gegenbehauptung lautet hierauf, dass die Unwissenheit dem Glauben schon Vorschub leistet, deshalb war es der Kirche schon wichtig, die Wissenschaft zu unterstützen. SCHOPENHAUER lässt durch Philalethes den Vorschlag machen, die Religion auf Vor- und Nachteile zu untersuchen. Die sollte unparteiisch und auf historisch und psychologischer wissenschaftlicher Basis geschehen, evtl. in Form einer akademischen Preisfrage. Es gibt jedoch Akademien, die demjenigen den ersten Preis geben, „der ihnen am Besten nach dem Maul zu reden versteht." (S. 315) SCHOPENHAUER gibt auch ein Beispiel für eine derartige Untersuchung: Man könnte fragen, wie viele Straftaten aus religiösen Gründen und wie viele aus andern Gründen nicht begangen werden. Aus religiösen Motiven werden nur wenige sein, abschreckender wirkt da schon die Strafe und der Verlust der Ehre. Damit hat ein potentieller Täter mehr zu kämpfen, ehe ihm überhaupt die religiöse Verantwortlichkeit bewusst wird. Möglich wäre jedoch, meint Demopheles, dass die frühe Einimpfung der religiösen Grundsätze als moralische Sperre für Verbrechen dienen könnte. SCHOPENHAUER hält dagegen: die angeborene Güte des Charakters und das Mitleid mit demjenigen, dem Leid durch das Verbrechen widerfahren wird, verhindert letztlich die potentielle Tat. Also ist dies nicht von der Religion abhängig. Dagegen lässt sich einwenden, dass die Religion durchaus hilft, Straftaten zu verhindern. Gestohlene Gegenstände werden durch den Beichtvater zurückgegeben, da er dies zur Bedingung macht, um das ewige Heil zu erlangen. Die Religion trägt durch geleistete Eide also dazu bei, das moralische Wesen im Menschen zu festigen. Die geschworenen Eide könnten jedoch auch falsch sein und Juristen sollten davon möglichst wenig Gebrauch machen. Ist der

---

[9] Vgl. S. 311 unten.

falsch sein und Juristen sollten davon möglichst wenig Gebrauch machen. Ist der Eid unvermeidlich, so sollte er im Beisein eines Geistlichen stattfinden. Somit ist der Eid in der Tat ein Instrument der praktischen Wirksamkeit der Religion (Widerspruch?) Trotzdem ist die Reichweite der Religion sehr begrenzt. SCHOPENHAUER gibt ein anderes Beispiel: Angenommen die Kriminalgesetze würden außer Kraft gesetzt, würde da noch jemand beschützt vor religiösen Motiven nachts auf die Straßen gehen? Sicher nicht! Umgekehrt, würde die Religion für die falsche Lehre erklärt, so könnte man ohne Bedenken, geschützt durch die Gesetze, durch die Nacht gehen. Die religiösen Handlungen (vom Tieropfer bis zum Bau von Klöstern, Beichte, Pilgerfahrten usw.) zur Sühne von Verbrechen, führt dahin, dass die Geistlichen zu Handelsmaklern zwischen Tätern und den bestechlichen Göttern werden. Es stellt sich die Frage, wenn es nicht so kommt, ob der Mensch auf Nachsicht Gottes hoffen darf, wenn er Sonntags nichts weiter tut als in die Kirche zu gehen und sich zum tausendsten Mal dasselbe anhört, er sich auch etwas an Verfehlung leisten darf? SCHOPENHAUER kommt jetzt noch einmal auf die Gräueltaten der einzelnen Religionen zu sprechen, auch dass sich die Religionsanhänger verschiedener Glaubensrichtungen bekämpft haben. Ausnahmen seien nur der Hinduismus und der Buddhismus. Von diesen sei nichts von eventuellen Glaubenskriegen bekannt. Allerdings räumt SCHOPENHAUER ein, dass man die Geschichte dieser jeweiligen Länder nicht genau kennt. Das zu befriedigende metaphysische Bedürfnis des Menschen ist ein zwielichtiges Unterfangen, denn genau so stark wirkt der Mißbrauch desselben. Der mögliche Vorteil, wird durch die geschichtlichen Grausamkeiten ausgeglichen. Als Stütze für den Staat kann die Religion wirken, wenn die Herrscher aus Gottes Gnaden an der Regierung sind. SCHOPENHAUER stellt folgende Gleichung auf: Die Regierung aus Gottes Gnaden steht gleich mit dem souveränen Volk. Der Dialog endet mit verhärteten Fronten und keiner der beiden Redner nimmt die Meinung des anderen an. Philalethes fällt zum Ende noch ein spanischen Sprichwort ein. Der Schluss des Dialoges soll im folgenden wiedergegeben werden, er lässt sich eigentlich gar nicht interpretieren, er wirkt nur im Original:

P.: Detras de la cruz está el Diablo.
D.: Zu deutsch, Spaniard!
P.: Aufzuwarten! – „Hinterm Kreuze steht der Teufel." (S. 322)

IV. Zur Wirkung der Parerga und Paralipomena

Für die Frage, warum es keine Zensur für dieses Werk gab, ist es interessant, die Wirkung dieser Schrift aufzuzeigen. Wie bereits in der Einleitung erwähnt, erschienen die Parerga und Paralipomena 1851. Sie entfalteten nach ihrer Veröffentlichung eine große Wirkung. SCHO-

PENHAUER erlangte in den 1850er Jahren rasch einen größeren Bekanntheitsgrad. Er bekam erste Verehrer, meist unabhängige Selbstdenker, aber auch Künstler usw. Sie sorgten für eine schnelle Verbreitung seiner Schriften. Der populäre Effekt der Parega und Paralipomena sorgte dafür, dass SCHOPENHAUER nach seinem Tod zu den am meisten gelesenen Schriftstellern für den Rest des Jahrhunderts wurde. Allerdings erreichte die Schrift SCHOPENHAUERS doch nicht den populären Status literarischer Werke. Dies würde auch erklären, dass keine Zensur erfolgte. Während meiner Recherchen, stieß ich jedenfalls auf keinerlei Hinweise einer Zensur. Eine weitere Möglichkeit wäre, dass SCHOPENHAUER den größten Teil seines Lebens als freier Schriftsteller tätig war und er seinen Erfolg, bzw. die spätere Wirkung der Parerga und Paralipomena nicht mehr erlebte.

V. Anhang: Zeugnisse über Arthur Schopenhauer

Da SCHOPENHAUER nicht zensiert wurde, möchte ich zum Abschluss noch einige Zitate über SCHOPENHAUER anführen, die besonders gut zu dem Dialog „Über Religion" und zu SCHOPENHAUERS religiöser Einstellung passen.

...Schopenhauer bekämpfte und verspottete den Gottglauben ebenso leidenschaftlich und ebenso offen wie Voltaire etwa die Kirche oder die Geistlichkeit bekämpft und verhöhnt hatte...[10]
(Fritz Mauthner)

Meine Kameraden, unter denen ich viele Glaubens- resp. Unglaubensgenossen besitze, äußerten jüngst in einer gemüthlichen Stunde: Ohne Religion könne man keine Kinder erziehen. Was meinen Sie dazu? Ich antwortete, der Vater könne und solle seinen Kindern eigentlich das höchste Wesen sein und dürfte seinen Kindern gegenüber sehr wohl das erste der 10 Gebote auf sich selbst beziehen: Ich bin...etc. und Du sollst keine anderen Götter neben mir haben. Dabei fiel mir ein, wie man diesen Kultus noch weiter ausbilden könnte, so z. B. durch ein Gebet, das ich Sie bitten möchte, nicht als Parodie aufnehmen zu wollen. Es ist heiliger Ernst darin: Lieber Papa, der Du bist auf Deinem Studirzimmer![!] Geheiligt werde Dein Name! Dein Segen komme über uns! Dein Wille geschehe in unseren Gedanken und Werken! Gib uns heute unser täglich Brot und vergib uns unsere Schulden! Bewahre uns vor Versuchung und erlöse uns von dem Bösen! Denn Dein ist das Reich und die Herrlichkeit in Ewigkeit. – Amen! – Was sagen Sie zu dieser Idee? Ich kenne zwar Ihre Anschauungen auf religiösem Gebiet überhaupt noch nicht, allein wer Schopenhauer[11] liest, kann doch unmöglich den frommen Kinderglauben rein bewahrt haben.
(Frank Wedekind)

... Sofern der gegenwärtige Gang der Gesellschaft den religiösen Glauben abzuschaffen tendiert, sind die Gedanken Schopenhauers nicht pessimistischer als die auf exakte Forschung sich beschränkende Erkenntnis...
(Max Horkheimer)

... Der Kaufmannssohn aus Danzig, weltbefahren, geistig weltbewandt, vielsprachig und wahrhaft enzyklopädisch gebildet, war der erste Philosoph der christlich – abendländischen Welt, der *vollkommener Atheist* war und den ausgestoßenen lieben Gott nirgendwo durch die Hintertür wieder einführte...
(Jean Améry)
Der Schopenhauer wohnt Wand an Wand mit dem Christentum. Nur daß die Wand keine Tür hat.[12]
(Wilhelm Busch)

---

[10] Diese ersten vier Zitate stammen aus Haffmans, Gerd: Über Arthur Schopenhauer.
[11] Hervorhebung von mir.
[12] Abendroth, Walter: Schopenhauer.

VI. Literaturverzeichnis

Abendroth, Walter: Arthur Schopenhauer. 17. Auflage
    Reinbek bei Hamburg: Rowohlt 1996 (= rm 133 rororo).

Breidert, Wolfgang: Arthur Schopenhauer. In Klassiker der Philosophie.
    Hg. v. Otfried Höffe. 3. überarb. Auflage. München:
    C. H. Beck'sche Verlagsbuchhandlung 1995.

Schopenhauer; Arthur: Die Welt als Wille und Vorstellung II. Band II.
    Hg. v. Ludger Lütkehaus. Werkausgabe in fünf Bänden.
    Zürich: Haffmans 1988.

Schopenhauer, Arthur: Über Religion. In: Schopenhauer, Arthur.
    Parerga und Paralipomena II. Band V. Hg. v. Ludger Lütkehaus.
    Werkausgabe in fünf Bänden. Zürich: Haffmans 1988.

Spierling, Volker: Arthur Schopenhauer. Leipzig: Reclam 1998.

Über Arthur Schopenhauer. Hg. v. Gerd Haffmans. 2. Auflage. Zürich:
    Diogenes 1978.